閃 耀 台 灣 一

台灣城市建築

1860-1960

徐宗懋圖文館／製作

目錄

閃耀台灣　福照寶島

　　「閃耀台灣」系列畫冊，一套八冊，分別為《台灣城市建築 1860-1960》、《台灣鄉村景觀 1860-1960》、《台灣山鄉原民》、《台灣近水部落》、《台灣原生物產 1860-1960》、《台灣自然生態 1860-1960》、《台灣往日生活》、《台灣古早容顏》。

　　此八個主題，時間跨越清代、日本殖民時代、光復之後，涵蓋早期台灣的人文生活以及自然景觀，從人們的食衣住行育樂，到鄉野山川中的美麗景致和原始型態皆收錄其中。這些內容、材料均是徐宗懋圖文館過去 20 多年來耗費巨資購買照片原作，以及累積精湛的照片修復技術工藝，所取得歷史照片領域最高的成就。

　　這套畫冊以「閃耀台灣」為名，台灣這座島嶼無論視野所見，亦或是蘊藏的內涵，都如同寶石般閃閃發光，是閃耀的寶島，期許能將台灣這座寶島所經歷、流淌過的歷史，以照片圖文的形式，親切、大眾化的傳達給大家。簡言之，這一套書代表了閃耀的台灣，福星高照寶島，是一套傳世不朽的台灣歷史影像。

城市建築的人文變化

建築型態不僅是人類文明的主要代表之一，也是社會、家庭與個人具體生活所依。台灣建築的時代演變代表著物質與精神的進展軌跡。《台灣城市建築 1860-1960》這本畫冊收錄了 1860 到 1960 年間，台灣城市的建築樣貌。依照時間排序，我們能夠清晰看到不同時代背景下，城市建築的風貌轉變。

清代，台灣主要城市是中國式的城堡，城內建築則是閩南風格為主的官署、廟宇、大宅，以及民居。日本殖民台灣以後，在城市內部進行了大規模的改造。清代的中式古蹟建築，包括城牆、官廟、大宅、街道等，基本上全部拆除，改建仿西式風格的官署、車站、商業與文教機構等，城市格局也成為典型的日本殖民城市。日本居民住在木造的和式房屋街區，台灣人住在城市老區的傳統磚房或三合院。光復之後，傳統木造房屋與三合院磚房逐漸式微，取而代之的是鋼筋水泥大樓如雨後春筍般地興建。

在呈現以上台灣建築時代的變化上，台灣影像紀錄並不平均。像是清代的影像十分稀有，只能依靠日本殖民時期的影像資料，如《台灣寫真大觀》、《台灣寫真帖》、《日本地理大系》等。因此，技術上我們除了充分運用日本官方和半官方的影像資料外，也盡量補充民間和外國的紀錄，讓這本畫冊更能夠完整地反映百年間台灣城市建築變化的風貌。

原台北巡撫衙門前之西轅門

1890 年代末，原台北城巡撫衙門前之西轅門，前方為東轅門。左側建築為巡撫衙門，右側為照牆，兩者之間設兩座轅門。此為官署大門前的禮儀空間，訪客來時將座騎或車轎停放在轅門之外。巡撫衙門位於布政使司北側，坐北朝南，因此，此照片應是站在今天中華路往東之巡撫衙門拍攝的。此外，布政使司的轅門兩側有木柵欄，巡撫衙門則無。

台北城西門外的輕軌

1890 年代末，台北城西門外，路面鋪設了工程輕軌。日軍進城經過初期的混亂和不確定後，社會秩序逐漸穩定下來，市民的生活起居恢復正常運作，殖民政府開始清理城市環境。照片中西門外的輕軌為殖民政府所鋪設的建材運輸軌道，以便在城內大興土木，包括修建道路橋樑，以及興建官署、醫院、郵局等設施。

台北東門之內部

1896 年，日本統治初期拍攝的東門內部景觀，當時內部仍有類似護城河的設計，且城牆內部以及外部有許多農田與埤塘，建築物較少。1884 年時，東門在光緒年間建立，原先是封閉式的碉堡樣式，底部的台座設計是由石條堆砌而成的 ，門洞的邊框以「雷紋」裝飾，現今被列為重要歷史古蹟。

台灣總督府內部陳設（原清代欽差行台）

1890 年代末，台灣總督府內部陳設，此處為原清代欽差行台。1892 年，台灣巡撫邵友濂在布政使司西側興建欽差行台，作為中央大員來台之視察的接待寓所。由於位置在城內西北，接近北門和西門，往來大稻埕和艋舺，具地利之便。日本統治台灣後，原清代官署改為日本殖民官署，為轄下各級單位所使用。欽差行台成為日本總督府，成為七任總督的辦公室，直到 1919 年始遷至新蓋的總督府大廈，即今天的總統府。此照片拍攝時，欽差行台已經成為日本總督府，內部長桌和椅子應該是日方所擺設的會議室設施。

閩風徽式原創經典建築之淡水戲館

1920 年代，座落於大稻埕的淡水戲館，曾經是名流仕商雲集賞戲之處。由於建築造型感強烈，在台灣建築史上留下盛名，然而事實上，隨著時間流逝，它在建築設計的價值一直受到低估。

1909 年，幾位日本人在大稻埕興建淡水戲館，初具規模。1916 年，喜愛看戲的辜顯榮把它買下來改建，成為可供近千名觀眾的大型戲館，專門邀請北京、上海等地京劇團前來演出，並仿效上海新舞台的方式，易其名為「台灣新舞台」，最熱門的戲碼是「狸貓換太子」。1931 年進一步將台灣本地的歌仔戲搬上舞台，從而拉高了本土劇種的地位。由於辜氏家財萬貫，與總督府關係非比尋常，人脈四通八達，每有新戲上演，政商名流雲集，熱鬧非凡。淡水戲館成了大稻埕繁華的象徵。二戰期間，淡水戲館毀於盟軍轟炸之下，在戰時和戰後物質匱乏的年代，未再復建。

就建築風格，一般均稱淡水戲館為「閩南風格」，其實不盡然。這位特殊的建築實際上是三座建築物的組合，主體是兩幢大樓連體，屋頂是閩南式的燕尾。不過最具原創性的設計是把大樓的正面當成側面，把側面當成正門入口，而且設計了三層樓房，顯得貴重華麗。至於正面和側面倒過來後，中間隔著幾道徽式風格的馬頭牆，加強了正門建築的宏偉氣勢。台北古建築物以閩南風格為主，1884 年台北城建成，城內開始出現徽式風格的官署建築。合理推測是，首任巡撫劉銘傳是安徽人，麾下也有安徽籍的官員，所以一部分建築融入了徽式風格。徽式建築在國際上頗有名氣，主要是建築之間有多重的馬頭牆作為擋火之用，造型多樣優美，加上白牆灰瓦，顏色對照樸素，有一種極簡的現代美感張力。簡言之，儘管建築師不明，但無疑地，淡水戲館結合了閩風徽式建築的主要元素，是在造型上獨創的複合體，有如「中式的雪梨歌劇院」。不僅在全盛時期留下流金歲月的記憶，在台灣建築史也是經典的傑作。

台灣總督府　（16頁）

1920 年代，台灣總督府。日本時代總督府原設在清代欽差行台，歷 24 年之久，將近日本統治時期一半的時間。為了強化日本統治的威儀，以及處理不斷擴大的殖民業務，決定另覓他處興建宏大的總督府。1912 年，新的台灣總督府廳舍正式動工建蓋，並於 1919 年 3 月完工，正式啟用。《台灣寫真大觀》書上曾記載：這是當時台灣本島上最大的建築物。中央的 60 公尺高塔設計象徵著權力的中樞，建築設計本身具有抗震功能，同時也十分通風、適應熱帶氣候，中央塔樓配備了台灣的第一部電梯，以及其他許多先進的設備系統，風格洋式且繁複精緻。

台北新公園與總督府博物館

1930 年代，台北新公園與總督府博物館。日本政府在台北城大天后宮一帶空地闢建新式公園，1908 年初步完成，為台灣第一座大型公園，初稱為「台北公園」，因為時間在「圓山公園」之後，遂改為「新公園」。1913 年，當局拆除大天后宮，興建兒玉總督與民政長官後藤新平紀念博物館，採西洋古典建築風格，1915 年興建完成，稱為總督府博物館，主要展示台灣自然生態環境。由於新公園位置接近主要殖民官署與日本人商街，經常成為日本人各種文化活動的場所，包括政治性的集會。1935 年殖民政府舉辦紀念殖民台灣 40 年的「台灣博覽會」，將第二會場搭建在新公園內。光復後，總督府博物館改為省博物館，新公園內增建中式涼亭和水池。此照片顯示新公園內主要建物是水池與音樂台，博物館左側小塔樓為三井物產第一代建築，遠處為台北醫院鍋爐室的煙囪。

第二代台大醫院

1930 年代，第二代台大醫院。1895 年，日本殖民當局在大稻埕初設「大日本台灣病院」，隸屬陸軍軍醫部，因此本質上是日軍攻打台灣時的軍醫院。1898 年遷至台大醫院舊館現址，改名為台灣總督府台北醫院，為木造建築，後因遭祝融，乃於 1921 年再度改建為西式的磚石建築，裝飾華美，氣勢不凡，成為現代化的醫院。1938 年，更名為台北帝國大學附設醫院。1949 年後，再更名為台灣大學醫學院附設醫院，簡稱台大醫院。由於歷史長久，醫療設備完善，醫療人才優秀。台大醫院在台灣醫界一直執牛耳地位。

台灣軍司令部

1930 年代，台灣軍司令部。日本統治台灣初期，總督府設於原清代欽差行台，各軍事領導和幕僚單位則是布政使司和軍械所的官署。由於局勢尚未完全穩定，台灣總督主要由軍人擔任，並直接掌握軍權，在台軍隊由總督直接指揮，以對任何起義行動迅速做出軍事反應。1919 年，在統治台灣 24 年後，日本政府確定已充分掌握台灣局勢，遂實施新制，取消總督的軍事統帥權，將台灣軍改為隸屬大日本帝國陸軍。1920 年在台北書院町興建台灣軍司令部，1944 年太平洋戰事緊急，又改為日軍第十方面軍司令部。1949 年後，曾為「忠義營區」、警備總司令部以及國防部大樓。

台北建功神社與中式牌坊造型之鳥居

1930 年代，建功神社位於台北市北植物園內，是由台灣總督府營繕課技手井手薰設計，於 1928 年完工。神社整體皆為鋼筋混凝土及磚造建築，由外至內的設施，分別為參道、鳥居、神橋、神池、拜殿及本殿。建功神社在當時掀起諸多爭議，主因於打破一般對傳統神社的印象，尤其是有著西洋式圓頂的拜殿。

在建功神社設立以前，台灣尚無祭祀因公殉職人員的固定場所。為使遺族和一般民眾能夠隨時參拜，故選定建造建功神社，祭祀對象為 1895 年以降，於台灣戰死、準戰死、殉職、準殉職、殉難者。因此，同時包含日本人和台灣人，不分地位高低「合祀」。

建功神社的牌坊式鳥居，呈現設計者交融中日文化元素。四柱三間上鋪琉璃瓦（鶯歌莊生產），簷兩端還有鴟吻（龍頭魚尾的龍魚，又稱鰲魚），異於一般神社簡潔的鳥居樣式。建功神社的鳥居夾柱石，為兩部鳥居的樣式。

過了鳥居，緊接著渡過神橋後，則是一個長方形的水池，水池兩側有兩條獨立的迴廊。然後進入建築物的主要區域，主體建築的拜殿，前方為整排的漢式琉璃瓦，圓頂的底部鑿成方形窗，使光線進入內部。圓頂左右兩邊延伸，兩邊從正立面圖來看，幾乎一致。

建功神社是西方式建築外貌，再加上一些中式建築特色的細節，雖然不是傳統日本的建築形式，不過整體配置所形成的參拜順序，卻是與傳統神社大同小異，以及最核心的本殿內部，完全保持的傳統日式造法。

光復後，建功神社在 1955 年被改建為南海學園內的國立中央圖書館總館，直到 1986 年，央圖遷至中山南路的新館。之後，建築移交國立教育資料館，現今改為國立台灣藝術教育館南海書院。

台灣勸業共進會貴賓館（今國立歷史博物館原址）

1916 年，日本政府為了慶祝台灣始政二十周年，於台北市舉行「台灣勸業共進會」，會場計有大致完工的台灣總督府（實際完工為 1919 年）、新公園台灣博物館（1915 年完工）、植物園的貴賓館（今植物園國立歷史博物館）。照片為貴賓館的左後方及其水池，貴賓館大門對面，為台北第一中學校（今建國中學）。

貴賓館後來改為物產陳列館、商品陳列館。商品陳列館以展覽商品，促進貿易為目的。光復後，「商品陳列館」改設為「歷史文物美術館」。1958 年，改名為「國立歷史博物館」，陳列接收河南省博物館遷台的文物及戰後日本歸還的中國古物。1970 年，國立歷史博物館將老舊的木造建築拆除，改建成中國式的六層樓石磚建築。

台北龍山寺 　（28頁）

1930 年代，台北最著名也是最早的寺廟是龍山寺，為閩南移民在艋舺興建的信仰中心。日本時代，龍山寺依然香火鼎盛，周邊市集繁榮不減。此寺廟坐北朝南，為三進四合院之宮殿式建築，屋頂上裝飾繁複華麗，龍山寺的燕尾、龍柱、墀頭等多樣裝飾雕琢，顯示了其香火繁榮的盛況。廟宇的屋頂設計為斷簷升箭口式，中央有三開口，中段升起，而五開間的中央三間升起，形式高低錯落，是閩台地區寺廟常見的樣貌。

鐵道飯店頂部眺望台北火車站廣場　　（30頁）

1920年代末期，由台灣鐵道飯店頂部眺望台北火車站、廣場與周邊建築群。左邊主要建築左至右為「台灣運輸」、「近海郵輪」、「大阪商船」，右邊車站右後方為專賣局煙草工廠，鐵道飯店的正對面則是台灣拓殖株式會社第一代新廈。遠方的山峰左右為面天山和大屯山。

日本殖民台灣，初期延用清代的大稻埕火車站，1901年在北門外東側興建了第二代車站。此處原來是城牆外的大片田野，隨後30年間，逐步拆掉城牆，改三線路。興建車站廣場、綠地和鐵道飯店，周圍也逐漸出現不同公民營企業的辦公樓房。儘管台北火車站周邊已經成為台北新都中心，但整體上台灣尚未形成中產階級的消費群體，台北人口僅有30萬左右，車站人流量有限，因此此區域並未形成繁榮的商圈，平常車輛和人流均少，鐵道飯店的高級餐廳也只服務日本人和少數富裕的台灣人。此外，照片由三樓建築物的屋頂拍攝，前方房屋包括火車站多為二層樓建築，加上行人稀少，所以廣場雖顯得遼闊，實際上的面積並不大。

1930年代為殖民主義的高峰，東西方殖民帝國在殖民地和租界等地，興建了亮麗的殖民城市，如大連、青島、天津、上海、香港、西貢、馬尼拉、新加坡、檳城、漢城、台北……等等。不過，在那些美輪美奐的房屋和街頭之外，卻是殖民政府對當地人民資源的掠奪、勞動力的剝削、文化教育的歧視、以及動用現代武器對山區、森林裡的原住民族進行毀滅性的殺戮，以奪取其生存領域裡的林木和礦產。殖民城市現代設施絕多只是服務殖民階層以及少數當地的富裕人士，城市邊緣和以外則普遍存在飢餓、貧窮和落後的狀態，並形成了鮮明的反差對比。殖民主義的嚴重缺失激起了反殖民主義以及強調平等的社會主義革命，成為人類進步的主流。因此，1930年代殖民主義步上高峰，但也是它由盛轉衰的歷史時刻。

1945年大日本帝國毀滅於一片廢墟和生靈塗炭的悲慘中，交還了之前用武力侵占的所有殖民地。然而，即使作為戰勝國的美、英、法等國，也無法違逆反殖民主義的大潮，在主動撤離或遭遇當地人民武裝革命之下，被迫結束了殖民主義的歷史。

台灣運輸　近海郵輪　大阪商船　面天山　台北車站　大屯山　專賣局煙草工廠　台灣拓殖株式會社第一代新廈

鐵道飯店

33

由總督府塔樓眺望東門方向

1920 年代末期，由總督府塔樓眺望東門方向的景觀。右至左之建築物，第一直排由近至遠爲總督府官舍群、東門和日本赤十字會台灣支部。第二直排爲民政局長官邸、新公園、總督官邸和總督府醫學校。最左側遠方之左至右爲總督府博物館、總督府台北醫院和日本赤十字會台北醫院。

日本殖民台灣後，最初將總督府設於原清代台北府城的欽差行台，1919 年興建新的總督府，位置在原台灣府城的偏西南側，這一大片空地可供興建新式建築。由於是全台灣的政治中心，也是日本殖民統治的門面，因此開闢了大片綠地，興建相當於台北「中央公園」的新公園、總督府醫學校、醫院和博物館等代表文教治理能力的機構，以展現強大統治的格局與威儀。

總督府台北醫院　　日本赤十字會
　　　　　　　　台灣支部醫院　　總督官邸　　總督府醫學校　　　　　　東門　　日本赤十字會
　　　　　　　　　　　　　　　　　　　　　　　　　　　　　　　　　　　　　台灣支部

從總督府塔樓往東拍　　　　　總督府官社群

布政使司衙門

淡水縣署（淡水縣衙門，第三憲兵隊）

面天山

向天山

大屯山

小觀音

七星山

台灣銀行第一代

從總督府塔樓往北拍

台灣銀行第二代（今址）

重慶南路

由總督府塔樓朝北眺望原布政使司衙門方向

1920 年代末期，由總督府塔樓朝北眺望原布政使司衙門方
向。最右側的排屋和街道為本町通（今重慶南路一段），
前方橫排建築之最左為台灣銀行第一代建築，最右則是台
灣銀行第二代建築預定地。中間橫排的排屋則爲榮町通。
更後面橘色屋頂是清代的建築群，右為淡水縣署，左為原
布政使司衙門。遠方的山峰左至右為向天、面天、大屯、
小觀音以及七星山，天際線十分清朗。

由總督府朝北眺望的城區從清代到日本殖民時代，一直是
台北的商業精華區域，北邊和西邊是本島人聚居的大稻埕
和艋舺。由於城內座落了諸多殖民官署和公私營機構，自
然形成了日本人商業活動的區域。本町和榮町均是典型的
日本人商街，至於布政使司衙門，在日本時代存在了 37
年。1932 年，為了興建公會堂以紀念昭和天皇登基，將此
清代台灣規模最大、最美麗壯觀的中式建築群全部拆除，
僅將其中的欽差行台遷至植物園內。

台北火車站及周邊空照圖

1920 年代末，台北火車站及周邊空照圖。火車站位於中上方廣場的右側，下方為鐵道員工宿舍。左邊為拆掉原台北府城城牆所改建的三線路，往上方頂端是北門，過了右側鐵道後的建築為鐵道部。至於照片中右側鐵道邊的兩棟建築，上為大日本製冰會社，下為公賣局煙草工廠。中下則是頗具特色的扇形車庫，到 1987 年因鐵路地下化而拆除。這張照片準確反映台北火車站和周圍建築物的相對空間位置，以及它們的面積比例。1930 年代，台灣鐵路四通八達，不過以產業鐵路占大部分，客運因班次少，票價貴，客流量低。加上台北僅有約 30 萬人口，火車站廣場周邊行人稀少，並未形成繁榮的商圈，甚至鐵道部員工宿舍都在站旁占了一大區塊。此區從某一角度看似寬闊，主要是四周多為二層樓建築。儘管如此，為了因應日增的流量，1939 年改建了第三代的台北車站，大幅擴大車站和廣場的面積，並且使用了幾十年。1970 年代，台灣經濟起飛，人口激增，火車客運流量大增。台北火車站周邊車流馬龍，人潮不斷，原有的車站和周邊設施已不敷使用，尤其火車穿越市中心，大批的車輛和人潮每天不斷等候火車平交道的起落架，對都市交通形成嚴重的障礙。1980 年代開始啟動鐵路地下化工程，1989 年第四代台北車站正式啟用，現代化的車站大樓的面積覆蓋了原本鐵路橫向面，直向則已靠近過去的煙草工廠，站前廣場則是 1930 年代的五倍之大，每天因應約 50 萬人次的客流量。車站對街高樓大廈林立，寸土寸金。日本時代遠看極為寬敞的三線路林蔭大道，如今成了兩旁大樓對照下的忠孝西路，變成看似普通寬了。

台北小南門街

1930 年代，台北市小南門街（今延平南路中山堂以南路段）的尾端，照片左側為步兵第二大隊兵營，中右側為兩側城垣已拆除的小南門。小南門，正名為重熙門，取其「盛世興隆，光輝普照」之意，清光緒十年（1884 年）完工。位於今台北市延平南路與愛國西路口，建立之初作為台北城內通往板橋、中和的孔道，城內連接小南門街。總督府拆除台北城垣、城郭和西門時，小南門則規劃為圓環綠地。總督府在拆除台北府城所有城牆後，將小南門、南門、東門和北門等四座城門保存，不過仍然拆除了北門和北門的甕城。1966 年，中華民國政府將小南門城樓改建為更華麗的廊柱型風格。

小南門也稱西南門，乃臨時加建，因板橋人抗議，應有一座門對著板橋，故由板橋林家出資蓋小南門方便出入。因當時漳州人和泉州人時有械鬥發生，台北建城時，住板橋中和的漳州人，不願穿過泉州人較多的艋舺進入西門。為防兩族群發生事端，由林維源出資加開小南門，門上建築也是移植林家花園的亭台樓閣，有複雜的磚雕和精美的彩釉。一般有規模的城廓，除了四大門外，加開四小門是很常見，如台南府城。台北城因經費不足，只開一小門。

「始政 40 周年台灣博覽會」之公會堂周邊環境整治工程

1934 年，台北公會堂（今中山堂）前右側廣場，為搭建「始政四十周年」台灣博覽會（1935 年）的場館（第一會場），開始進行周邊整地工程。前方路邊簡陋的平房，為建築工寮。拍照處的右手邊，後來搭建「鐵道館」。圖右通往榮町通（今衡陽路）的路口，也設立第一會場的入口。圖右遠方米白建築，為台北電話交換所的後方，該所為全台首棟鋼筋混凝土建築，後來改建大樓，為現兆豐銀行。其隔壁為台北信用組合（今合作金庫），至今仍屹立原處。中間遠方高樓，為菊元百貨大樓（今國泰世華銀行）後方。其餘，大都為民宅。

台北三線路朝東門方向以及環城牆綠帶公園的想像

1930 年代，台北三線路朝東門方向，遠處即為東門城門，此照片即今天中山南路與忠孝西路交叉口往東門方向看去。左側前方的建築為日本基督教會的塔樓，即今天的濟南教會，右側是台北醫院鍋爐室的煙囪，更左邊照片以外的應該是台北州廳，即今天的監察院。這條三線路是原台北府城東側城牆拆除後，開闢而成的寬敞林蔭大道，是台北交通和綠化建設的一環。此時，台北人口和車輛稀少，三線路空曠寧靜，即使兒童步行其間，也如同在公園內散步一樣地安全舒適。從城市現代化改造的思想來看，總統督府的設計師學習西方現代城市的概念，開闢大面積的公共綠地，創造宜居城市，具有遠見；不過，他們並沒有學到最高層次城改思維，即在城市現代化的過程中與傳統共存。事實上，此時在西歐一些小城市的改造中已經有了許多範例，即保留完整的城牆，將城牆內外開闢成環城綠帶公園，如此一來既保留了歷史建築，也同樣達到擴大城市綠地的城改目標，而且是更美、更有文化，也更進步的作法。如果把這個思路運用到這張照片的內容，我們將得到如下的畫面：東側城牆和護城河保整保留，內外闢成環城綠地，護城河兩旁種植樹木，旁邊則是較小雙道的公路，以免影響到環城牆綠帶的景觀。整個面積與三線路一樣大，差別只是城改方案的選擇而已。這就是包含老建築和大自然的絕美環城綠帶公園，市民們可以和家人徜徉在城牆下和護城河邊，或登上城樓繞著城牆上散步，眺望城內外的美景。無論是晨曦、夕陽，還是夏天的午後遍地蟬鳴，都是人間絕景。這是天方夜譚嗎？當然不是，今天歐洲列為世界遺產的老城市，一百多年前就是以此原則進行城市改造的。日本雖然學習歐洲，但並沒有學到最精華的部分，以致於不只是城牆，而是包括台北府城內的主體建築群全拆除一空，同樣的情況也發生在歷史更悠久的台灣府城和其他古城。當然，日本殖民政府沒有在台灣實現最高層次的城市改造，更深一層的心理原因，或許因為台灣只是日本的殖民地，對於無論本島人或「蕃人」的原生文化，缺乏發自內心的疼惜。到了末期，甚至強制施行同化政策，包括推動改成日本姓氏、改信日本神道、禁止紋面、禁歌仔戲等。在殖民政府眼中，異於日本的文化等於異於日本的心。因此，消除殖民地人民的原生文化，才代表「日台一體」。在這種思維之下，台灣歷史悠久的本土建築的主體全部遭到拆除，也就成了難以避免的時代悲劇了。

台北市京町

台北市京町通（今博愛路）的尾端，近植物園側門。植物園門口地上，擺著好幾個障礙物，防止交通工具進入，至今亦然。

台北市日本人官舍區佐久町

1920 年末期，台北市佐久町通（重慶南路末端盲段），屬於台北南邊的日本人住宅區，緊鄰兒玉町，也是日本官舍的密集區。佐久間町位於龍匣口兒玉町之西，以第五任台灣總督佐久間左馬太為名。後來劃入古亭區，今台北市中正區南海路以南、和平西路一段以北的牯嶺街、福州街、廈門街、寧波西街、重慶南路二段、三段之一部分均在町內。

台北敕使街道朝台灣神社方向

台北市敕使街道（今中山北路一段）起點（近忠孝東路）北望。此段，已拓寬成三線道。前方，即縱貫鐵路往返基隆的平交道。平交道旁有一高塔，乃照明用途，顧及台北站內及扇形車庫的調度，此塔後來還保留好長一段時日。塔旁樹林內，有一著名的料亭「梅屋敷」（今國父史蹟紀念館）。

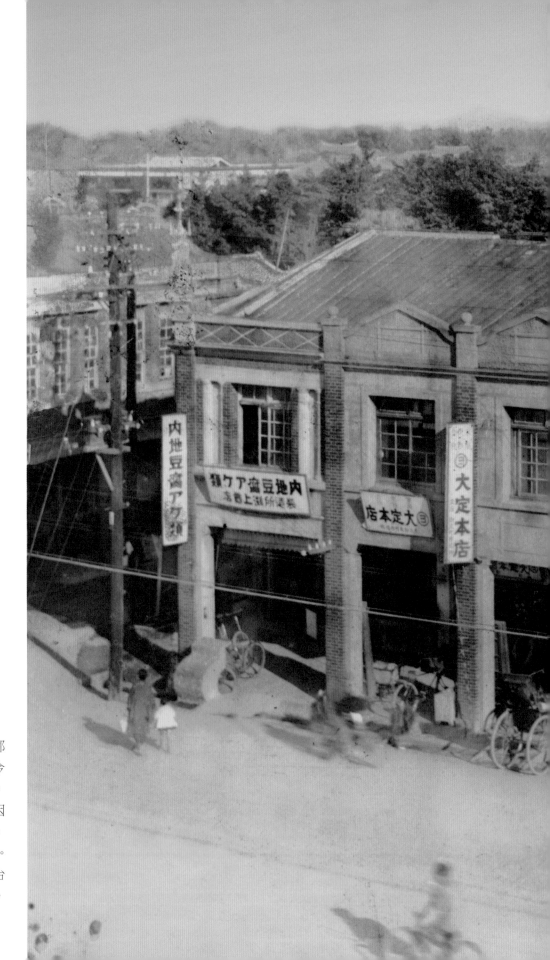

敕使街道上的御成町郵局

1920年代，台北敕使街道上的店家，其中包括了御成町郵局。此照片由御成町市場轉角一警局塔樓上往敕使街道（今中山北路一段）對街拍攝。此時街道尚未拓寬成三線道，對街的那排店面，可見位於中間的「御成町郵便局」，因此區屬御成町，今天這間郵局已經遷至斜對街。事實上，在敕使街道擴建工程中，照片中整排店面，即遭拆除拓寬。至於店面後面那一大片樹林，屬大正區，後來才開發成台北最高級的住宅區。圖左巷弄，為今中山北路一段83巷。

台北御成町與早期敕使街道

1920 年代，台北御成町街景，由「御成町市場」（今中山市場）的塔樓上，往東南方向拍攝的街景。「御成町市場」最早創立 1917 年，為木造建築。1923 年，因日本裕仁皇太子（後來的昭和天皇）造訪台灣，而在此附近設立「御成碑」以資紀念，此碑已不知去向。照片顯示，市場也已改成磚造，入口處旁有一火警瞭望塔。到了昭和時期，市場更名為昭安市場。市場前那條道路，即敕使街道（今中山北路一段）。

敕（讀赤）使街道是 1923 年以來，日本裕仁皇太子等日本皇族，至台灣參拜台灣神社時所走的道路。當時日本皇族自基隆登岸，坐火車進入台北以後，由台北火車站出發，經此街道直達位於劍潭山的台灣神社祭拜。「敕」，乃帝王的詔書、命令之意，此街道也稱「御成街道」。

照片最右邊遠處，即樺山小學校，圖右街角，為今長安西路口。街角建築，紅磚外牆，搭配著洗石子橫帶、山牆上的泥塑，是日治時期常見的建築風格。該建築內曾經營藥局だるま（DARUMA 達磨），但在二樓近敕使街道處，卻懸掛著「サクラビール」（櫻花啤酒）的廣告招牌。再過去隔壁一間，即至今仍在營業的「林田桶店」。

圖中的敕使街道，尚未出現三線道，對街的那排店面，後遭拆除拓寬。店面後面那一大片地區，即當年台北最高級的大正町住宅區。舉目所見，由遠至近，依序為一條通（今市民大道）至四條通，四條通位圖左側，戰後才拓寬成長安東路。

照片左邊最遠處，即「日本樟腦株式會社台北支店」工廠，往右有一排黃色建築「昭和樓」，窗戶多直立型，為當年新穎前衛的商辦建築，戰後變成國府的「審計部」多年，今已荒廢，但已列入歷史建築。其餘遠處屋舍，主要為高等商業學校、北二中等校所有。

敕使街道三線路與大正町高級住宅區

1930 年代，台北市，拓寬成三線路的敕使街道以及其後方興建完成的大正町高級住宅區。此照片由「御成町市場」（今中山市場）的塔樓上，往東南方向拍攝的街景。照片中的敕使街道已拓寬成三線道，對街那排新築的騎樓店面，後來還維持頗長一段時間。店面後面那一大片地區，即當年台北最高級的大正町住宅區。舉目所見，由遠至近，依序為一條通（今市民大道）至四條通，四條通位圖左側，後來才拓寬成長安東路。

圖右街角，為今長安西路口。街角建築，紅磚外牆，搭配著洗石子橫帶、山牆上的泥塑，是日本時代常見的建築風格。該建築內曾經營藥局だるま（DARUMA 達磨），再過去隔壁一間，即至今仍在營業的「林田桶店」。

光復後，敕使街道改為中山北路。1950 年代，上萬美軍進駐台灣，陽明山興建美軍軍官住宅區，中山北路旁也有美軍招待所。台灣神社拆除改建圓山飯店，專門接待來訪的外國元首，並被美國財星雜誌選為世界十大飯店之一，中山北路遂成為全台最重要的國際大道，新穎的餐廳和酒吧如雨後春筍，洋貨市場和美金地下兌換亦十分活躍。加上開放外商投資，華僑商人在這一帶投資興建豪華酒店，本地資本家也不遑多讓，紛紛加入投資經營的行列。中山北路很快出現了大批洋氣十足的新式大樓和商店，街旁的樹掛滿了漂亮的燈飾，夜間閃爍發亮，有著現代大都會的浮華與迷醉，被形容為「台北的第五大街」。此時，沒錢的男女學生開心地逛中華商場，有錢的熟男熟女則到中山北路 shopping，在高級西餐廳中談國外的生意，共同譜成了民國 60 年代難忘的台北黃金歲月。

擴建成三線路的敕使街道（今台北中山北路）

1930 年代，台北市，擴建成三線道的敕使街道，此照片由御成町的「御成町市場」（今中山市場）轉角一警局的塔樓上，往敕使街道（今中山北路一段）對街拍攝，成為頗完整的全景圖。敕使街道拓寬成三線道的同時，對街也同時改建成三層樓的店面。圖右的店面轉角，為四條通（後來拓寬成長安東路）。至於整排店面後面那一大片地區，即當年台北最高級的大正町住宅區。舉目所見，由右至左，依序為四條通（今長安東路）至十條通（今部分南京東路）。整排三層樓的店面，至今還有三間左右還在。靠近長安東路轉角，這兩三年已改建大樓，未改建前，轉角窗戶，貼滿男性新潮內褲廣告。此照片為台北城市史的珍貴歷史照片。

剛修好的敕使街道

1930 年代，敕使街道靠近明治橋部分，兩旁街屋較少，車輛和行人稀少，道路上分隔島豎立著剛種的樹，尚未長成，顯示道路剛修好通車不久。

道路空曠車輛稀少的敕使街道

1930 年代，台北敕使街道靠近圓山台灣神社路段，道路空曠，行人車輛稀少，這條路 20 年後才真正的開始繁榮。

台北宮前町往明治橋方向

1930年代，敕使街道宮前町往圓山台灣神社方向，兩旁房屋散落著，接近郊區地帶。越靠近明治橋路段，則越顯得空曠。

台北往圓山士林方向的道路景觀

1930年代，敕使街道往明治橋方向，此一時期，四周只有散落的民居，尚未真正開發。由於由市中心到台灣神社是一條參拜的道路，因此規劃上，越靠近神社越避免商業聚集。這一組敕使街道三線道完工照片，充分反映台北往圓山和士林方向的城市景觀。

台北市日本人高級住宅區

1920 年代，台北市日本人高級住宅區大正町，照片中的道路為「大正町通り」，今林森北路（市民大道與南京東路間），道路北邊盡頭，為三橋町之三板橋墓地（共同墓地、今林森公園），最遠方為大屯山系。圖正中遠處有一木製高塔，所謂的「火の見櫓」，也就是火警瞭望塔，上頭可敲鐘示警。

從 1900 至 1910 年，由日本前往台灣的日本人大幅增加。尤其隨著殖民工作的快速開展，各方面工作人員需求甚大，從最早的軍警民政人員和眷屬，擴張到基建營造、金融、商業、農業以及文教幹部和職員眷屬等等，接著也有一般日本人來台灣尋找發展機會。由於日本人移入台灣的速度過快，總督府自 1905 年起，逐年減少直接興建官舍，而是給新來的官員房屋津貼，鼓勵他們租屋購屋。由於原台北府城內區域已經規劃成軍政經教等官署、府邸、學府、公園綠地等，而原北門街和西門街也轉為日本人的商店街，如此城內已無多餘的空地興建住宅區。因此，便在城外南邊和東邊地帶規劃日本人住宅區。

大正町為日本時代台北市的行政區之一，町名源自大正街，因該區域為大正元年（1912 年）所規劃而得名。大正街開發前，原地名是三板橋庄大竹圍，為農地使用，後由「台灣建物株式會社」收購土地，進行開發建築。大正町共分一至三丁目，該町在三橋町之南，原華山車站之北，位於今市民大道、中山北路、南京東路、新生北路圍成的地區。

大正街土地閒雅清潔，適合規劃成日本人住宅地，故仿效京都棋盤式街道，規劃獨門獨院的和洋住宅為主，成為台灣第一個私人開發的高級現代化社區，甚至成了觀光旅遊之著名勝地，區內也多行政官員宿舍。每戶設有壁櫥、廁所，提供電力與自來水，並接下水道，注重環境衛生。引入遊園地（公園）、網球場，甚至最初還在街道上種滿櫻花樹，但因為氣候因素而無法存活。交通配套上，則有淡水線大正街站，以及公共汽車車站。區內東西向街道稱為「通」，南北向稱為「筋」。由南至北有「一條通」至「十條通」的道路，「一條通」為今市民大道，「四條通」後來拓寬成長安東路，「十條通」部分成為南京東路。

台北大正町高級住宅區的主道路（今林森北路）

1930 年代，台北高級住宅區大正町的主要道路「大正町通り」（今林森北路，從市民大道往南京東路望去），道路北邊盡頭，為三橋町之三板橋墓地（共同墓地、今林森公園），最遠方為大屯山系。圖最右側，為丸京京染店的煙囪。

大正町源自大正街，因該區域為大正元年 (1912 年) 所規劃而得名。大正街開發前，原地名是三板橋庄大竹圍，為農地使用，後由台灣建物株式會社收購土地，進行開發建築。大正町共分一～三丁目，該町在三橋町之南，原華山車站之北，位於今市民大道、中山北路、南京東路、新生北路圍成的地區。

大正町高級住宅區的住戶均為日本高級官員、大商社社長、富商，以及少數富裕的台灣人，住在大正町即代表了台灣很高的社會身分和地位。

台北南門外的日本官舍區兒玉町

1920年代，台北市兒玉町通（南昌街），為南門外的日本人街道，兒玉町也是官舍的密集區。兒玉町，今台北市中正區南昌街一段、二段和南海路、寧波西街、福州街之一部分均在町內，以第四任台灣總督兒玉源太郎為名，戰後劃入古亭區。由於這一帶原為廣大的稻田區，距最初的總督府亦不遠，故最早開闢為官舍的密集區域。

台北西門町

1930 年代，台北市西門町街道，即今天的中華路、康定路、成都路、及漢口街之間的區域，早期就被日本當局規劃成娛樂特區，亦即台灣最早有戲院聚集的地方。料理店之多，居台北市之冠。照片為今之西寧南路底，道路最遠端，可見部分的面天山，右邊道路彎過去即今之中華路。

台北敕使街道之原貌　（66頁）

1920年代末，台北敕使道路改建三線路前之原貌。1920
年代，假使一個人到台北旅遊，下榻在御成町的敕（讀赤）
使街道（今中山北路一段）著名的料亭「梅屋敷」（今國
父史蹟紀念館）。次日離開旅館，走出大門左轉，往圓山
方向行走，馬上會遇到往基隆的鐵路平交道，過了平交道，
舉目所見，就是照片中的景觀了。當時的敕使街道，還不
算很寬，後來將右邊的住家拆除，才拓寬成三線道。從靠
左邊的店家繼續往前走，不久就會遇到至今還在營業的「林
田桶店」以及過街的「御成町市場」（今中山市場）。
此一帶會名為「御成町」，乃因1923年日本裕仁皇太子
（後來的昭和天皇）造訪台灣，而在此附近設立「御成碑」
以資紀念，此碑已不知去向。「敕使街道」，是日治時期
1923年以來，日本裕仁皇太子等日本皇族，至台灣參拜台
灣神社時所走的道路。當時日本皇族自基隆登岸，坐火車
進入台北以後，由台北火車站出發，經此街道直達位於劍
潭山的台灣神社祭拜。「敕」，乃帝王的詔書、命令之意，
此街道也稱「御成街道」。

台北市純台灣人商街太平町

1930年，純台灣人住家、開店的台北市太平町通り（延平
北路），拍照位置在今南京西路延平北路口，圖右為延平
北路二段往北起點。兩層樓西洋古典式樣的騎樓街屋蓋好
不久，開店數不多，轉角為台北寶藏興商行，對街轉角著
名店家有菊元榮商行、光食堂支店。道路稍遠缺口，為通
往永樂市場的巷弄（今延平北路二段36巷）。

「港都夜雨」的原型　（72頁）

台灣銀行基隆支店、基隆郵便局。

基隆依山傍海，平地狹小，許多房子密集地蓋在山坡上，附近有礦場，聚居了普羅大眾。輪船停靠時，很多洋水手下船到市區。因此，儘管地狹人稠，但市井繁榮，加上多雨，船舶長鳴，夜燈閃爍，有一種午夜迷醉的浪漫。1958 年，呂傳梓作詞、楊三郎作曲的「港都夜雨」，生動地唱出基隆的迷人風情：

今夜又是風雨微微　異鄉的都市
路燈青青　照著水滴　引阮心悲意
青春男兒不知自己　要行叨位去
啊～漂流萬里　港都夜雨寂寞暝……

基隆郵便局　　　　　台灣銀行基隆支店　　　旭川　　公會堂　　公益社　　　　　波止場郵便局　　　　基隆炭礦會社

憲兵隊　　基隆停車場前廣場

75

基隆義重町

1930 年代，基隆義重町通リ，今基隆市的義二路，為日本時代基隆最繁華的市街，日本人聚居之地。義重町早期為哨船頭的一部分，1931 年 10 月，哨船頭改訂地名，沿海岸一帶改為日新町，中心街道沿山一帶為義重町。街道兩側，兩層樓的商店林立。道路左邊，可見淺田飴、銘茶二葉園茶鋪之招牌。右側轉角的洋樓，為岸田吳服店，洋樓上方有「キ」字樣的招牌。

新竹火車站前大道

1930 年，新竹火車站前道路，此時稱為停車場前通り（驛前通り、火車站前中正路）。拍攝的位置在東門圓環的東側，往車站方向拍照。1908 年，西部縱貫鐵路全線通車，將南北台灣串聯在一起，而沿線的火車站也逐漸成為城市重心。在火車站前道路開通時，東門城兩邊城牆也已拆除了。都市的重心，從原本最繁華的北門大街，移轉至東門附近。1905 年開始，新竹市街市區不斷進行城市改造，站前大道筆直寬敞，兩旁主要為兩層樓整齊的街屋，屋前矗立電線桿，種植行道樹，儼然新竹大門的通衢大道。

台 中州廳

1920 年代，台中州廳，位於台中市市中心，主要為官廳官舍所在位置。照片右側的十字路口，右上角為台中郵便局，右下角是台灣銀行台中支店，左下角為台中市役所，左上角是台中州廳廳舍。州廳後方有一棟兩層樓的美麗洋房，為台中州知事官邸。台中市當時的人口，大約本島人三萬，日本人一萬，其他族群一千。中心部周圍的榮町寶町大正町，都是繁榮的商業區。至於，千城橋附近，為台中市的發祥地，本島人居多，商業也很繁榮。

台中綠川

1920 年代，台中綠川。綠川原本為無名溪流，後來被稱為「新盛川」，1903 年，日本政府對綠川進行整治， 1912 年台灣總督佐久間左馬太因周邊河岸景色茂密翠綠，因此改名為「綠川」，在綠川進行整治時，特意種植柳樹以作為市容美化設計，並在縱貫鐵路開發計畫之中在此設立了新盛橋，即為現今的中正綠橋。

台中市新盛橋通

1930年代，台中市新盛橋通（中山路），另一雅名為鈴蘭街（スズラン通り），為台中第一條現代化鈴蘭花街燈的街道，乃日本人居住區及商店街，位大正町（今自由路二段、公園路與民權路之間），今自由路至市府路之間的中山路，路邊懸掛著日章旗。拍照位置近自由路，遠方為朝大肚山方向。

以鐵道言，台中市距離台北市有101哩遠，是台灣中部第一大城，當時人口約五萬，為台中州廳的所在地。自1911年以來的城市改造，街道筆直，路樹蒼鬱，井然有序宛如棋盤，有如京都的城市風格。流經市區南北的綠川、柳川二條河，也有如京都的加茂川。

由 台南州廳頂樓朝北望之全景圖　　（84頁）

1920年代末期，由台南州廳頂樓朝北望之全景圖。比較1910年代的台南市全景圖，此時市區已經興建不少新式建築。
以下是全景圖標示的日本時代新建築以及清代老建築，由右至左的標示：

台南州廳北邊的綠園（圓環），內有兒玉源太郎總督的白色雕像。

「台南公會堂」：當局借「吳園」東南一角建台南公館，1911年落成，後改稱台南公會堂，為當時市民重要集會空間。

「吳園」：為清道光年間，知名鹽商吳尚新所建。在清領時期就是台灣四大名園之一，內有亭台樓閣、假山、池塘等設施，尤以仿飛來峰之景最為引人。

「四春園」：借吳園西南一隅來經營，是台南早期高級的日式旅館。1923年裕仁皇太子時來台南巡視，駐蹕台南知事官邸期間，其他人連同總督則投宿於「四春園」。

「台南測候所」：1898年建置完成，位於舊台南府城的最高點，當時名為「鷲嶺台地」。「台南測候所」是日本時代最早設立的測候所之一，也是台灣現存最古老的氣象建築。其建築中央有高約12公尺的圓柱形風力塔，塔身四周環繞著較低矮的一層樓十八邊形辦公室。至於白色的高塔，老台南人稱呼為胡椒管。

「鶯料理」：1911年11月15日開業，由當時享有「台灣第一刀」美譽的日本人天野久吉所創辦經營，後於1924年重新裝修，是當時政商名流交際應酬的場所。1923年裕仁皇太子來台南巡視時，鶯料理還被指名負責供應餐食。

「北極殿」：又稱真武廟、上帝公廟、大上帝廟、有別於「小上帝廟」的開基靈佑宮。北極殿原址本為荷蘭時期的中醫館。明永曆十五年（公元1661年）4月，鄭成功上陸之後，即將此處權充救護站，待荷人退出台灣後，鄭成功將之改建成寺廟，奉祀明朝守護神玄天上帝，又稱為大上帝廟。北極殿位於當時的「府城七丘」之一的鷲嶺，是城內地勢最高處之一，更顯廟宇的壯觀魏峨。咸豐四年重修之後，更名為北極殿。廟中仍保存明寧靖王朱術桂所書「威靈赫奕」木匾一方，是目前台灣唯一的明代古匾。

台灣首廟「天壇」：主祀玉皇大帝的道教廟宇，位鷲嶺之上，簡稱天壇，地方居民俗稱天公廟。該廟原址本來是鄭氏王朝官員奉明正朔、築台祭告上天的平坦空地。清咸豐四年，才於祭天原址建廟立壇。

「台南郵便局」北側一角：1910年代台南全景圖，老建築仍占絕大多數，然而1920年末代，新舊建築比例已經大約各占一半。1910年代開始大規模的城市改造，拆除掉整片的古建築群，改建新型的建物和市街，到了1930年代改造大致完成。擁有兩百多年的台灣府城主體建築物基本上全部拆除殆盡，僅留下象徵性的城門，成為台灣古建築的巨大浩劫。更有甚者，古建築承載著民族和家族的記憶，日本殖民政府拆除台灣府城主體建築群，等於是斬斷台灣人的民族記憶，以根除反抗台人的精神基礎。這張照片也可謂台灣府城的最後殘景。

台南郵便局一角　　　　　　台南首廟天壇　　北極殿　鶯料理　　　台南測候所　　　　四春園　　吳園　台南公會堂

兒玉壽像

台南州廳樓上往北拍之綠園（圓環），內有兒玉總督的雕像

台南劇場宮古座

1930 年代，台南劇場「宮古座」落成於 1928 年，位今台南市西門路二段 120 號，是一間仿東京「歌舞伎座」的建築，除了演出日本戲劇，也可放映電影。建築外貌立面上方，為三座千鳥破風屋頂，中下方有三座較小的唐破風。劇場內主要的觀劇地板為榻榻米，沒有觀眾椅，需脫鞋跪地，或坐在坐墊上觀賞，對於本島人而言，確實不習慣也不好坐，故被坊間以台語諧音稱為「艱苦坐」。

1941 年 1 月，紅遍亞洲地區的影歌星李香蘭（表面是中國人，實為日本人，原名山口淑子），以主演的電影《冤魂復仇》隨片登台，巡迴公演，橫掃台北「大世界館」、新竹「新世界館」、「台中座」、「嘉義座」、台南「宮古座」、「基隆座」以及「高雄劇場」等地，配合她在「滿映」拍的電影，在放映中場做三十分鐘左右的演唱，所到之處場場爆滿，轟動一時。

當年，「宮古座」和「台南世界館」、「戎館櫻亭」、「大舞台」並列為台南四大戲院。光復後，宮古座於 1946 年由中影接手，改名為延平戲院。之後，於 1979 年拆掉重建為樓高 11 層的延平商業大樓。

台南鳳凰木大道

1930 年代，台南市著名的鳳凰木林蔭大道大正通り。照片拍攝者站在大正公園入口前，往鳳凰木大道方向拍照。遠方即台南車站方向。寬廣的大正道路即今中山路，以當時在位之大正天皇為名，從台南車站至大正公園（今湯德章紀念公園，亦稱民生綠園），大正町道路兩側種植鳳凰木。平時為林蔭大道，到了六月鳳凰花開時，火紅豔麗。日本政府實施城市改造時的大正町，除了今之中山路，府前路兩旁也種植了鳳凰木，鳳凰木也因此成為市內種植最普遍的路樹，故台南曾擁有「鳳凰城」的雅名。後來，因拓寬慢快行車車道，鳳凰路樹消失殆盡，今天只見零落四散的鳳凰木，孤獨矗立著。

嘉義市商圈榮町　（92 頁）

1930 年代，嘉義市榮町通り，今之火車站至七彩噴水池之間的中山路，當時也稱為銀座通り，或嘉義大通り（拓寬達 14.5 公尺寬），主要為日本人與有錢的本島人營業、居住的街道。1931 年，嘉農棒球隊在日本獲得甲子園亞軍榮歸故里時，走出火車站，也都經過這裡接受歡呼。

高雄州廳

1930 年代，高雄高雄州廳，座落在愛河畔，為日本時代高雄的地標。1920 年，高雄設州，由於主要市區位於山下町，即今之鼓山區，州廳即設於此地之打狗公館，原爲日本人集資興建的公共會館。1931 年在愛河畔興建新的高雄州廳，其建築規模是五個州廳中最大的，與高雄市役所以及高雄驛等，共同成為高雄三座代表性建築。光復後，高雄州廳改為高雄地方法院，於 1987 年拆除改建大樓，也是五個州廳中唯一沒有保留的。

高雄市鬧區商圈山下町

1930年代，高雄市山下町的山下町通り（即今高雄市鼓山區的鼓山一路），山下町因位於壽山之下而得名，在今哈瑪星與鹽埕之間鼓山一路旁之區域。圖右一排大正風格的紅磚建築，為打狗最早期的商店街之一，有名產店、煙草店、食品店等。最前端處轉角，為當時頗負盛名的高雄酒吧，經營者為日人井原伊三太郎先生。

清代，打狗港開埠，外商雲集，新建房屋散布在港邊，以哨頭山下最為集中。日本殖民時代，市區再延伸至今之壽山下和鹽埕埔的交界區，基本上仍然是在港口邊，此處成為高雄市的鬧區。光復後，市中區再轉移到鹽埕埔，大勇路則成為最熱鬧的商街。

花蓮港市街

1940 年代，花蓮港市街，花蓮舊稱洄瀾，清代屬台東直隸州蓮鄉範圍。日本時代，1909 年將台東廳分為台東、花蓮港兩廳。1940 年，花蓮港街升格為花蓮港市，照片為改制後拍攝，從當年昭和紀念館一帶往西南方眺望，照片中左側遠方的圓頂建築物，為台灣銀行花蓮港支店，再往右邊的四方屋頂，則是花蓮港廳行政中心。照片最右邊極遠處，方形的建築是花蓮港驛（舊火車站），再往左邊一點，有著尖塔的大型建築，為鐵道處花蓮港辦事處，今之花蓮舊鐵道文化館，乃此照片中唯一留存至今的官廳建築物。

台北羅斯福路新路新大樓

1960 年代，台北羅斯福路三段路面。中間交口右轉為師大路，前方左側為保固大樓和新光超級市場，此樓今天猶在。此道路為紀念美國總統羅斯福而命名，在台北都市發展史上具有代表性。日本時代，羅斯福路北段為富田町街道，南段為新店線鐵路。1950 年代，台北市長高玉樹大刀闊斧推動城市建設，將羅斯福路拓寬至 40 公尺的路面，設安全島，種植椰子樹。道路兩旁逐年興建新大樓，不同於日本時代的木造房屋，以及帶著仿古典裝飾的磚石房屋，新式大樓均為工業化的極簡造型，充分實用每一寸空間和建材。在經濟發展、人口增加、商業活動更密集，以及居住地需求急增的情況下，日本時代民居和磚房逐漸遭到拆除，為新式樓房所取代。這種城市建築面貌的改變同時也發生在戰後日本和韓國的城市地區。

台北中山北路美式悠閒氣息

1960 年，兩位打扮入時的年輕女子漫步在台北中山北路三段，顯露悠閒的生活氣息。隨著美軍協防司令部進駐中山北路，大批美軍人員到來，中山北路逐漸出現了美式的生活文化。此照片拍照位置約在酒泉街口，此段酒泉街業已消失。照片左為空軍大鵬劇校（今花博公園），隔著中山北路與酒泉街的，則是美軍顧問團（HSA）、美軍協防司令部（USTDC），今花博公園與美術館等。道路遠方即圓山動物園。

南京東路新大樓

1960 年代，南京東路早期樣貌，路旁有第一大飯店與皇后大酒家，第一大飯店在後來經歷火災後損失重創。南京東路為台北市的重要幹道，原先是一片水田，日本時代規劃為道路。光復後命名為南京東路，南京東路往西為南京西路，銜接淡水河畔的大稻埕，為大稻埕繁榮的延伸創造了條件。1960 年代，是台灣經濟起飛的時期，由於南京東路本身優越的地理位置，陸續有商辦公司以及百貨大樓在此成立，甚至曾經有「台北華爾街」的稱呼。此照片的街道和建築顯示台北市的格局已經逐步走離日本時代的小型商業市街，而出現現代街道和大樓的國際都會風格。

台北華山車站

1950 年代，台北華山車站，右側為林森北路穿越台鐵的地下道。清代此處為桂花宅，日本時代 1901 年，為興建南北縱貫鐵路而將其拆除。1937 年，設置「樺山貨物驛」，主要位於樺山町而名，而樺山之名則源於日本第一任總督樺山資紀。光復後，改為「華山貨運站」。1986 年。廢此貨運站功能，改「華山車站」，堆放專案建材。鐵路地下化後，車站建築獲得保留，今天已經成為華山文創園區的一部分。

台北仁愛路往總統府

1960 年代，台北仁愛路通往總統府的道路，左邊是改建後的景福門，前方大樓為外交部，再往左為總統府，在視線之外。右側視線外的則為國民黨中央黨部。總統府的前身是日本時代的總督府，當時此地區為政治中心，包含多座官署建築以及高等文教單位，光復後，基本上延續了此一格局。

台北南門市場

1960年代，台北羅斯福路上的南門市場，建築仍然延續日本時代的木造瓦屋，周邊開始出現新式的樓房，但仍然保有過去的風格。日本時代1907年南門市場建成，成為蔬果百貨的集散中心，取名為「千歲市場」。光復後改名南門市場，由於1949年後大陸各省同胞遷入，南門市場出現中國大陸各省的食材，成為豐富的果菜和飲食中心。

高雄鹽埕區附近的街道

1960 年代，高雄市大勇路通往海港的馬路，左邊是日式的宅院，外面設了一些攤販，沿著路旁出現了新式的大樓。這是光復約 20 年後高雄市鬧區附近的街道景觀，整體而言車輛和行人都非常稀少。

高雄巷道生活的寫照

1960 年代，高雄鹽埕區附近巷道，新式的水泥房散落，前方為著傳統的竹籬笆，路旁有一個甘蔗攤販，一位男生騎著單車穿過，反映著人口稀少以及寧靜的巷道生活，這是 1960 年代高雄巷道生活的生動寫照。

HISTORY 80
閃耀台灣 一

台灣城市建築 *1860-1960*

策畫執行	徐宗懋圖文館
中文撰文	徐宗懋
責任編輯	陳萱宇
主編	謝翠鈺
行銷企劃	陳玟利
藝術總監	陳怡靜
美術編輯	鄭捷云
數位彩色復原	陳怡靜、徐丹語、鄭捷云、李映彤

董 事 長	趙政岷
出 版 者	時報文化出版企業股份有限公司
	108019 台北市和平西路三段 240 號 7 樓
	發行專線：(02)2306-6842
	讀者服務專線：0800-231-705
	(02)2304-7103
	讀者服務傳真：(02)2304-6858
	郵撥：19344724 時報文化出版公司
	信箱：10899 台北華江橋郵局第 99 信箱
	時報悅讀網　http://www.readingtimes.com.tw
法律顧問	理律法律事務所　陳長文律師、李念祖律師
印刷	勁達印刷有限公司
初版一刷	2022 年 6 月 10 日
定價	新台幣 480 元

缺頁或破損的書，請寄回更換

閃耀台灣．一，台灣城市建築 1860-1960/ 徐宗懋圖
文館作．-- 初版．-- 台北市 ： 時報文化出版企業
股份有限公司，2022.06
　面 ； 公分．--(History ; 80)
ISBN 978-626-335-421-0(精裝)

1.CST: 台灣史 2.CST: 都市建築 3.CST: 照片集

733.21　　　　　　　　　　　　　　　111006924

ISBN 978-626-335-421-0
Printed in Taiwan